Bibliografische Information der Deutschen Nationalbibliothek:

Die Deutsche Bibliothek verzeichnet diese Publikation in der Deutschen National-
bibliografie; detaillierte bibliografische Daten sind im Internet über http://dnb.d-
nb.de/ abrufbar.

Impressum:

Copyright © 2002 GRIN Verlag, Open Publishing GmbH
Druck und Bindung: Books on Demand GmbH, Norderstedt Germany
ISBN: 9783640466634

Dieses Buch bei GRIN:

http://www.grin.com/de/e-book/6958/usb-und-firewire-funktionalitaeten-und-
anwendungen

Manuela Greinwald

USB und Firewire - Funktionalitäten und Anwendungen

GRIN Verlag

Fachhochschule Kempten

Fachbereich Betriebswirtschaft

Seminararbeit im Schwerpunkt Wirtschaftsinformatik

USB & FIREWIRE

- Funktionalitäten und Anwendungen -

Verfasser:	Manuela Greinwald
Datum:	08.05.2002

Inhaltsverzeichnis

Abkürzungsverzeichnis...III

Abbildungsverzeichnis..IV

1 Einführung..1

   1.1 Entwicklung..1

   1.2 Motivation zu neuen Schnittstellentechnologien..............................2

      1.2.1 Besondere Merkmale von USB 3

      1.2.2 Besondere Merkmale von Firewire..3

2 Funktionalität und Anwendungen von USB und Firewire 4

   2.1 Architektur und grundlegende Funktionen.......................................4

      2.1.1 USB Architektur...4

      2.1.2 Firewire Topologie...6

   2.2 Automatische Konfiguration (Hot-Plug-and-Play).............................7

      2.2.1 Hot-Plug-and Play beim USB 7

      2.2.2 Automatische Konfiguration bei Firewire 8

   2.3 Die verschiedenen Datenübertragungsarten....................................9

      2.3.1 USB mit 4 Transfermodi und Paketversand.............................9

      2.3.2 Firewire mit 2 Übertragungsarten 11

   2.4 Die Übertragungsgeschwindigkeiten im Vergleich 12

      2.4.1 Einordnung der Applikationen nach ihren Geschwindigkeiten...................12

      2.4.2 Geschwindigkeiten von USB und Firewire.............................13

      2.4.3 Typische Geschwindigkeitsprobleme durch fehlerhafte Architekturen........14

   2.5 Kabel und Co. 15

      2.5.1 USB Anschlüsse..15

      2.5.2 Firewire Anschlüsse...16

   2.6 Anwendungsmöglichkeiten...17

3 Fazit 22

Literaturverzeichnis..IV

Abkürzungsverzeichnis

ACK	Acknowledge/Bestätigung
DMA	Direkt Memory
EOP	End of Packet
GND	Ground
I/O	Input/Output
IRM	Isochronous Resource Manager
NAK	Negative Acknowledge/negative Bestätigung
PC	Personal Computer
PS/2	Personal System/2
SOP	Start of Packet
USB	Universial Serial Bus
VCC	Voltage Common

Abbildungsverzeichnis

Abb. 1: PC-Rückseite ohne USB oder Firewire 2

Abb. 2: Physikalische USB-Struktur 5

Abb. 3: Logische USB-Struktur 5

Abb. 4: Firewire Topoligie 6

Abb. 5: Firewire Baumstruktur (Peer-to-Peer) 6

Abb. 6: Applikationen nach Geschwindigkeitsklassen 12

Abb. 7: USB Stecker, links Typ B, rechts Typ A 15

Abb. 8: USB Full-Speed-Kabelquerschnitt 15

Abb. 9: Firewire Stecker, links 6-polig, rechts 4-polig 17

Abb. 10: Audio & MIDI Processing Unit 20

1 Einführung

In vielen Haushalten stehen immer noch *PCs* (= Personal Computer), die alte Konzepte zum Anschluss von Peripheriekomponenten verwenden. Anschlussmöglichkeiten, wie Parallele-, Serielle- oder eine *PS/2*-Schnittstelle (Personal System/2, PC-Serie von IBM mit neuem Bus-System) stammen immer noch aus den Entwicklungen der PC-Welt in den früheren 80er Jahren. Diese Modelle haben, für eine große Anzahl von Anwender, viele Nachteile. Viele von PC Nutzer sind bereits überfordert, einen Drucker, eine Maus oder ein anderes Gerät an der Rückseite des Computers anzuschließen. Für jedes Gerät gibt es einen eigenen Stecker. Aber das ist ja noch nicht das Ende des Szenariums; manche Peripheriegeräte benötigen sogar eine zusätzliche Steckkarte, die mühselig in den Rechner eingebaut werden muss. Dabei wird meistens der Tower unter dem Tisch hervorgezogen, teilweise Kabel abgesteckt oder sogar abgeschraubt. Nach dem Einbau der Karte, steckt dann meist der Teufel im Detail. Bis zu diesem Punkt schaffen es noch einige Anwender, bloß was macht man, wenn der PC die Karte nicht erkennt, oder sich nicht mehr einschalten lässt? Hier wird deutlich, dass oft nicht nur der Einbau die Schwierigkeit ist, sondern die Konfiguration, die den normalen Anwender in fast allen Fällen nicht interessiert, und letzt endlich nicht nur einen Leihen verzweifeln lässt. Darüber hinaus findet man immer mehr Zusatzgeräte, die natürlich alle an den PC angeschlossen werden sollen. Aber wohin? Jeder Rechner hat nur eine begrenzte Anzahl von Steckplätzen, und was ist dann noch möglich? Im folgenden möchte ich nun zwei moderne Komponenten-Schnittstellen Konzepte vorstellen, die diese Nachteile und obige Fragen beheben und zusätzlich noch viele Vorteile mit sich bringen. Es handelt sich hierbei um *USB* (= Universal Serial Bus) und *Firewire* (IEEE 1394).

1.1 Entwicklung

Der USB wird seit ~1990 von dem Konsortium Compaq, DEC, IBM, Intel, Microsoft, NEC, Northern Telecom entwickelt und hat eine große Ähnlichkeit zu Appels Firewire (IEEE 1394), die seit 1986 von Apple vorgestellt und weiterentwickelt wird. Sony taufte „Firewire" 1997 zum firmeneigenen DV-Produkt in „i.link" um, um juristische Probleme zu vermeiden. Außer dem Kabel, das keine Spannungsversorgung für externe Geräte zur Verfügung stellt, gibt es keine großen Unterschiede. IEEE 1394 und USB sind serielle *Highspeed-Interfaces* (= Hochgeschwindigkeits-Schnittstellen) zur *isochronischen*

Datenübermittlung (= Datenübertragung in Echtzeit) zwischen den PC-Komponenten und/oder den Benutzerprodukten. Überdies verfügen die beiden Schnittstellen über eine Menge anderer Funktionen, die in dieser Arbeit noch genauer angesprochen werden.

1.2 Motivation zu neuen Schnittstellentechnologien

Wie schon in der Einführung beschrieben, haben die alten Schnittstellen eine Menge Nachteile. Für diese Nachteile wollten die Entwickler nun eine Lösung finden. Firewire und USB wurden hierzu in die Welt gerufen, die nun im folgenden Ihre Vorteile aufzeigen. Zum einen wird durch USB und Firewire das *Schnittstellengewirr* (= viele verschiedene Geräte mit einem anderen Kabel) verhindert, es gibt also nur noch eine einheitliche Schnittstelle für alle Geräte. Dadurch löst sich das Problem des andauernden Kabelsalats von selbst auf. Abbildung Abb.1 zeigt einen PC mit herkömmlichen Anschlussmöglichkeiten. Hier sind allerdings noch nicht einmal alle Steckplätze im Computer belegt. Trotzdem fällt schon ein unschönes Kabelgewirr auf und einige Kabel sind zudem zu kurz.

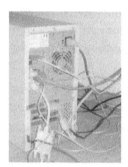

Abb. 1: PC-Rückseite ohne USB oder Firewire

Ein weiterer Vorteil ist „Hot-Plug-and-Play". Es dient dazu Verbindungen, wie z.B. eine Maus anstecken, im laufenden Betrieb herstellen zu können, ohne dass der Rechner nochmals herunter gefahren werden muss. So kann man jeder Zeit an eine USB oder Firewire Schnittstelle, im laufenden Betrieb, ein anderes Gerät anstecken und sofort verwenden. Bei einem alten Interface musste der Computer immer neu gestartet werden, damit das neu angeschlossene Gerät vom System erkannt wurde. Aus Hot-Plug-and-Play resultiert die automatische Konfiguration. „Im laufenden Berieb angeschlossene Geräte werden erkannt und die zu deren Betrieb erforderliche *Software* (= Treiber) wird durch das Betriebssystem selbständig installiert."[1] Im Gegensatz dazu muss bei den alten Schnittstellen die Gerätekonfiguration noch manuell vorgenommen werden. USB und Firewire verhindern mit der automatischen Konfiguration lästige Ressourcenkonflikte, wie z.b. die Konfiguration von *Interrupts* (=> unterbricht die aktuelle Arbeit des Prozessors um die Aufmerksamkeit der *CPU* [=Zentralprozessor] zu erhalten), mit *I/O* (=Input/Output), mit *DMA* (=Direkt Memory) oder dem setzen von *Jumpern* (= für die Deaktivierung und Aktivierung bestimmter Funktionen, oder der Konfiguration) und noch viele andere lästige manuelle Einstellungen. Die neuen Schnittstellen gewährleisten also eine einfache Nutzung und der Anwender wird nicht dazu gezwungen, in das System einzugreifen. Die nächsten zwei Abschnitte werden nun weitere Zusatznutzen jeder einzelnen Schnittstelle zusammenfassen.

1.2.1 Besondere Merkmale von USB

An eine USB Buchse können bis zu 127 verschiedene Geräte über Hubs in Form einer Baumstruktur angeschlossen werden. Es gibt verschiedene Geschwindigkeiten, um so billig wie möglich und nicht schneller als nötig fungieren zu können. Zum ersten gibt es Low-Speed (USB 1.0) mit 1.5 MBit/s, dann folgt Full-Speed (USB 1.1) mit 12 MBit/s und seit dem Jahr 2000 gibt es High-Speed (USB 2.0) mit 480 MBit/s. USB ist sehr preisgünstig und hat einheitliche, unverwechselbare Stecker und Kabel. Es gibt ein Stecker Typ A, der zur Hubkonsole gehört und es gibt ein Stecker Typ B, der in die Clientkonsole gesteckt wird. Die einzelnen Kabel dürfen bis zu 5m lang sein. Die überbrückbare Gesamtdistanz beträgt 30 m und das Kabel kann die Geräte mit Strom versorgen. USB bietet 4 Transferarten, den Control-, Interrupt-, Isochronous-, und Bulk-Transfer, die später noch genauer erläutert werden.

1.2.2 Besondere Merkmale von Firewire

Hingegen zu vielen anderen Netzwerktechnologien können bei Firewire 63 bzw. 1023 Geräte an einen *Controller* (= Prozessor der die CPU bei der Arbeit unterstützt) angeschlossen werden. Hierbei sind zwei Adressierungsarten zu beachten. Der 6-Bit-Node, zur Selektierung von 63 Geräten, oder der 10-Bit-Node, um 1023 Geräte verwalten zu können. Die Schnittstelle kann eine Datenübertragung von bis zu 400

[1] Kelm (2001), Seite 18

Mbit/s erreichen. Sie ermöglicht einen *asynchronen* Transfer (=> Quelle und Ziel müssen nicht gleich getaktet sein) und gleichzeitig ein *Real-Time-Datentransfer* oder *isochronen Modus* (=> bezeichnet Rechenoperationen von verschiedenen Daten, ohne größere zeitliche Verzögerung, also in Echtzeit) über eine gleiche Leitung. Firewire bietet die Möglichkeit, die Geräte in einer *Peer-to-Peer* Anbindung (= in Reihe) anzuordnen. Es ist also kein Ring notwendig. Dabei kann z.B. ein gespeichertes Bild auf einer digitalen Kamera direkt auf dem Drucker ausgegeben werden. Kabel können zwischen den einzelnen *Knoten* (=Geräte) bis 4,5 m lang sein. Bei einer Geschwindigkeitsbegrenzung auf 200 MBit/s ist dagegen ein Kabel bis zu 14 m Länge möglich. Die gesamte Kabellänge eines Strangs darf 72m nicht überschreiten.

2   Funktionalität und Anwendungen von USB und Firewire

In den folgenden Kapiteln werden nun die Architektur, die automatische Konfiguration, die Datenübertragungsarten, die Übertragungsgeschwindigkeiten und der Kabelaufbau im einzelnen erläutert. Am Ende des Kapitels werden noch Anwendungsbeispiele für beide Schnittstellen zusammengefasst.

2.1   Architektur und grundlegende Funktionen

In diesem Kapitel wird im einzelnen auf die physikalische und logische Topologie der beiden Interfaces eingegangen. Es werden Aufbau, Anschlussmöglichkeiten und die grundlegende Datenübertragung zwischen Computer und Geräte definiert.

2.1.1   USB Architektur

Die *physikalische Topologie* (=> zeigt wie die Geräte tatsächlich angesteckt werden müssen) eines USB ist eine kaskadierte Sternstruktur (Abb. 2, Seite 5). Die Spitze dieser Struktur ist immer der USB-*Host*adapter (Host = PC/Rechner) im Computer, der alle Vorgänge steuert. An diesem Ausgang liegt immer der Root-Hub. Hier können entweder einzelne Geräte, oder mit dem Anschluss von USB-Hubs mehrere Geräte angeschlossen werden. Hubs sind Geräte, die Verzweigungen an ein bestehendes *Port* (= Eingangs-/Ausgangskanal) ermöglichen. Sie dürfen allerdings keine Anforderungen durch den Host schicken; genauso wie die Endgeräte. Die Endgeräte an einem Baum werden Function bezeichnet.

Abb. 2²: Physikalische USB-Struktur   **Abb. 3³: Logische USB-Topologie**

Die *logische Topologie* (=> zeigt wie der USB im logischen Sinn arbeitet) ist die Sternstruktur (Abb. 3). Da nur der Host eine Masterfunktion besitzt, fehlen in der logischen Struktur die Hubs. Nur der Host hat die Berechtigung, selbst zu senden und zu empfangen. Deshalb werden die angesteckten Geräte vom Host regelmäßig abgefragt, ob sie etwas zu melden haben. Der Host managet alle Vorgänge durch eine Host-Software und einem Host-Controller (= Steckkarte oder On Board) auf dem Motherboard, und leitet diese an den Root-Hub (=> ist meist im Host integriert) weiter. Der Root-Hub ist für die Steuerung der anhängenden USB Peripherie verantwortlich. Er steuert die Stromzufuhr, sperrt oder schaltet Ports frei, er erkennt den Dis-/Connect-Status von Geräten und er übernimmt die Statusverwaltung der einzelnen Ports. In den meisten Fällen stellt der Root-Hub 2 Ports an der Computerrückseite zur Verfügung. Bei USB 1.1 sind insgesamt 5 Ebenen erlaubt (inkl. Root-Hub). USB 2.0 erlaubt hingegen schon 7 Ebenen inklusive dem Root-Hub. Es dürfen also zwischen Root-Hub und Function nur 5 Hubs nacheinander geschaltet werden. „Der USB 1.1 Datentransfer vom Host zur Function (= Downstream-Richtung) erfolgt im Broadcast-Modus, d.h. alle Daten, die der Host sendet werden durch die Hubs an alle Geräte verteilt."[4] Das Gerät, das seine Adresse im Datenpaket erkennt, antwortet. Die Antwort geschieht auf dem kürzesten Weg von der Function, über den Root-Hub, zum Host (= Upstream-Richtung). Dabei gibt es vier Transferarten die später noch genauer erklärt werden. Eine Kommunikation

---

[2] http://tech-www.informatik.uni-hamburg.de/lehre/pc-technologie/07-usb-1394.pdf, 06.04.02
[3] http://tech-www.informatik.uni-hamburg.de/lehre/pc-technologie/07-usb-1394.pdf, 06.04.02
[4] Kelm (2001), Seite 43

zwischen den Functions ist nicht möglich. Es muss immer der Host dazwischen geschaltet sein.

2.1.2 Firewire Topologie

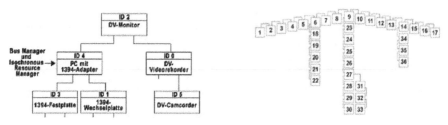

Abb. 4[5]: Firewire Topologie   **Abb. 5[6]: Firewire Baumstruktur (Peer-to-Peer)**

Anders als bei USB wird bei Firewire für den Anschluss von mehreren Peripheriegeräten kein Hub benötigt. Abbildung Abb. 4 beschreibt eine Möglichkeit für den Anschluss von Videoanwendungen. Videorecorder und Camcorder werden direkt am DV-Monitor angesteckt es besteht keine Verbindung zum PC. Damit ist das Einschalten des PC nicht mehr notwendig. Zwischen den Geräten sind keine Hubs geschaltet, die Geräte sind direkt miteinander verbunden. Selbst die *IDs* (=Adressen) sind nicht hierarchisch vergeben, sondern werden bei jeder Änderung der Struktur (z.B. ein Gerät wird neu zugeschaltet oder entfernt) in einem Autokonfigurationsprozess neu vergeben. „Die meisten Geräte mit 1394 Anschluss besitzen zwei Ports, einige sogar drei, über die man bis zu 63 Geräte als Kette oder in fast beliebiger Verästelung miteinander vernetzen kann. Zwar gibt es auch Geräte mit nur einem Port, etwa digitale Kameras, am Ende eines Zweigs stört dieser Umstand aber wenig."[7] In jedem 1394 Bussystem dürfen in einer Kette bis zu 17 Geräte (oder 16 Kabelstücke) nacheinander geschaltet werden. Dabei darf eine Kette, egal von welchem Punkt aus im Netzwerk, diese Anzahl nie überschreiten. Abbildung Abb. 5 (Seite 8) zeigt eine Möglichkeit für eine gültige Verzweigung, hier sind z.B. Gerät 33 zu Gerät 1 oder Gerät 22 zu 36 oder 17 einzelne Ketten. Dabei dürfen keine Schleifen innerhalb oder zwischen den Ketten geschaltet werden.

---

[5] Vgl. www.tecchannel.de/hardware/299/3.html, 06.04.02
[6] Vgl. www.tecchannel.de/hardware/299/2.html, 06.04.02
[7] Stöbe (2001), Seite 2

2.2 Automatische Konfiguration (Hot-Plug-and-Play)

Im folgenden wird die automatische Erkennung, Konfiguration und verschiedene Abläufe während des Betriebes in einem 1394-Netzwerk erklärt. Zur Vereinfachung wird dabei nur auf die wesentlichen Merkmale eingegangen.

2.2.1 Hot-Plug-and Play beim USB

Die Erkennung der Geräte erfolgt auf elektrischer Ebene. Damit der USB nun das Anstecken oder Abziehen der Geräte im laufenden Betrieb erkennt, existieren im Kabel zwei Datenleitungen D+ und D-, die je nach Full-Speed oder Low-Speed Gerät ein Stromsignal im angesteckten Zustand an den (Root-) Hub senden. Beide Datenleitungen an den Downstream-Ports des (Root-) Hubs haben jeweils die gleiche Masse (15kΩ), die ohne angeschlossene Geräte auf ein sogenanntes Low-Pegel gezogen werden. Hierbei werden die Leitungen also ohne einen Pegel überwacht. Sobald ein Gerät an den Hub angeschlossen wird, sendet dieses ein 3,3 V starkes Stromsignal mit 1,5 kΩ Masse an den Hub und bewirkt bei diesem einen High-Pegel. Je nachdem auf welcher Leitung das Gerät sendet wird vom Hub und Host erkannt, ob es sich um eine Low-Speed (sendet auf D-) oder Full-Speed Komponente (sendet auf D+) handelt. Der Hub sendet jetzt ein Verbindungsereignis an den Host (PC) und dieser weiter an den *Gerätetreiber* (=Anwendung). „Aus Sicht des Gerätetreibers für ein bestimmtes USB-Gerät, ist es gleichgültig, an welcher Stelle und über wie viele Hubs das Gerät angeschlossen ist. Die Anwendung kommuniziert mit dem USB-Gerät über mehrere logische Kanäle, sogenannte Pips, die mit sogenannten `Endpunkten´ am Gerät verbunden sind. Endpunkt Null ist dabei für die immer vorhandene Control Pipe reserviert, über die der Host das USB-Gerät identifiziert und konfiguriert."[8] Die oben erklärte Geräteerkennung gilt für USB 1.1, beim USB 2.0 ist ein *Transceiver* (=> Übermittelt die Daten im Hub) wesentlich komplizierter aufgebaut, um alle 3 Übertragungsgeschwindigkeiten nutzen zu können. Er funktioniert aber im wesentlichen wie ein USB-1.1-Hub, und muss zum weiteren Verständnis nicht genauer erklärt werden.

---

[8] Bögeholz (2001), Seite 1

2.2.2 Automatische Konfiguration bei Firewire

Wie im Kapitel 2.1.2 schon erwähnt wird im 1394-Netzwerk ein Autokonfigurations-Prozess zur automatischen Erkennung und Konfiguration ausgelöst. Dieser Prozess wird durch ein *1394-Protokoll* (= spezielle Datei zur Aufzeichnung von Vorgängen) definiert und setzt sich aus verschiedenen Stufen die nacheinander ablaufen zusammen:

* Businitialisierung/Busreset:

  Wird beim Ein- oder Ausschalten, Entfernen und Anschließen eines Gerätes oder über einen Softwarebefehl ausgelöst.[9]

* Baumidentifizierung:

  Im Anschluss an die Businitialisierung erfolgt die „Tree Identification", bei der der *Root Node* (= ein Gerät das demokratisch meist im Zufallsprinzip als Wurzelknoten festgelegt wird. Obwohl Firewire ein echter Peer-to-Peer Bus ist, benötigt das System trotzdem einen `Anführer´), die *Leaf Nodes* (= ein Gerät, das am Ende eines 1394-Stranges sitzt) und die *Branch Nodes* (= ein Gerät, an dem sich ein 1394-Strang aufteilt) bestimmt werden.[10]

* Selbstidentifizierung:

  Nach der Baumidentifizierung folgt eine „Self Identification", bei der die einzelnen Geräte die Möglichkeit erhalten, Informationen über die eigene Konfiguration (z.B. Stromversorgung, Übertragungsgeschwindigkeit, usw.) an alle übrigen Knoten weiter zu geben. In dieser Phase kann auch jeder Knoten den `Wunsch´ äußern, die Rolle des „Isochronous Resource Managers" oder abgekürzt *IRM* (wird in Kapitel 2.3.2 näher erleutert) zu übernehmen. Der Root Node veranlasst den deterministischen Prozess der ID-Zuordnung für jedes Gerät im 1394-Netzwerk. Der Knoten mit der höchsten ID wird letztlich der IRM.[11]

Um ein flexibles Busmanagement zu garantierten, unterteilt sich dieses in drei Servicegruppen. Inklusive dem IRM gibt es noch einen Cycle Master, der Start Packets versendet, die für Geräte mit isochroner Datenübertragung benötigt werden. Als weiteren

---

[9] Vgl. www.tecchannel.de/hardware/299/3.html, 06.04.02
[10] Vgl. www.tecchannel.de/hardware/299/3.html, 06.04.02
[11] Vgl. www.tecchannel.de/hardware/299/3.html, 06.04.02

gibt es den Bus Master, der Informationen über Bus-Topologie, die Stromversorgung und die Transfer-Geschwindigkeiten der einzelnen Knoten sammelt.

2.3 Die verschiedenen Datenübertragungsarten

Im fogenden werden nun die Datenübertragungsarten, die schon im ersten Kapitel erwähnt wurden, genauer erklärt.

2.3.1 USB mit 4 Transfermodi und Paketversand

USB bietet 4 Übertragungsarten. Dabei hat jedes Gerät die Möglichkeit, durch verschiedene Endpunkte an logischen Pipes, nicht nur eine der vier Transferarten zu nutzen. Eine Pipe ist eine Verbindung zwischen dem Endpunkt einer Function und der Host-Software (Betriebssystem). Dabei ist jede Pipe einem eindeutig nummerierten Endpunkt am Gerät zugeordnet. Ein Gerät kann also logisch durch mehrere Pipes mit dem Host verbunden sein und durch eine eindeutige Adresse (7bit Function-ID + 4-bit Endpoint-ID und Übertragungsrichtung [upstrem oder downstream]) genau von der Software angesprochen werden. Anmerkung: Die physikalische Leitung besteht aus D+ und D- wie schon in Kapitel 2.1.1 erläutert. Die einzelnen Endpunkte werden erst bei der Konfiguration des Geräts vergeben. Als einziger ist Endpunkt 0, der von der Systemsoftware zur Konfiguration benutzt wird, bereits vor der Konfiguration vorhanden. Dieser Endpunkt darf nach der Konfiguration weiterhin nur vom Host benutzt werden und ist immer dem Control-Transfer zugeordnet. Den anderen Endpunkten eines Gerätes können die drei restlichen Transferarten zugeordnet werden, die nun im folgenden inkl. dem Control-Transfer definiert werden:

- Control-Transfer:
  Er ist verantwortlich für die Steuerung und Konfiguration eines USB-Gerätes. Control-Transfers sind immer mit dem Endpoint 0 verbunden. Um Daten schnellst möglich liefern zu können, werden auf dem Bus 10% der Bandbreite reserviert. Werden diese 10% nicht voll genutzt, steht der Rest dem Bulk-Transfer zur Verfügung.

- Interrupt-Transfer:

Wurde zur Übertragung von kleineren Datenmengen entwickelt. In diesem Fall darf Interrupt nicht als initiierte Unterbrechung des Prozessors verstanden werden. Da kein Gerät ohne Aufforderung senden darf, wird deshalb jedes Gerät vom PC zyklisch ca. 1ms abgefragt (sog. Polling). Diese Transferart wird z.b. zur Statusabfrage von Geräten oder für die Übertragung von Tastenanschlägen genutzt.

- Isochronous-Transfer:

Mit dieser Transferart wird es möglich, eine konstante Bandbreite zu liefern. Durch die Garantie fester Bandbreiten und „just-in-time-delivery" ist es möglich, dass z.b. Audio- und Videoübertragungen synchron bleiben. „Der Isochronous-Transfer hat immer einen garantierten Zugriff auf den Bus. Zusammen mit dem Interrupt-Transfer sind bis zu 90% der USB-Bandbreite für diese periodischen Transferarten reserviert".[12] Zeitkritische Datenströme stellen somit kein Problem mehr dar.

- Bulk-Transfer:

Diese Art der Datenübertragung wird für große und zeitunkritische Datenmengen genützt. Diese Daten werden in jeder beliebigen, gerade verfügbaren Bandbreite übertragen. Bulk-Transfer ist ausschließlich für High- und Full-Speed-Komponenten entwickelt worden.

Die Übertragungen erfolgen alle in Form von Paketen. Dazu gibt es spezielle Signalformen (SOP Start of Packet und EOP, End of Packet), die den Anfang und das Ende eines Paketes kennzeichnen. Die Pakete sind alle mit einem 4 Bit-Identifier PID gekennzeichnet und werden zur Sicherheit mit einer Ergänzung von vier weiteren Bits wiederholt. Bei Übertragungen werden die Pakete mit dem niederwertigsten Bit zuerst versand, danach folgen die jeweils höherwertigen Bit´s in periodischen Abständen. Zu unterscheiden sind 4 Pakettypen, das Token-, Data- und Handshake-Packet ferner gibt es noch das Special-Packet mit 2 Varianten. Der Token (IN oder OUT) gibt die Quell-/Zieladresse sowie die Übertragungsrichtung an. Data sind Datenpakete und Handshake-Pakete dienen zur Übertragungssicherung als auch der Flusskontrolle. Das Zusammenspiel wird im folgenden an einem Beispiel erläutert: Angenommen ein Gerät

---

[12] Kelm (2001), Seite 62

möchte an den Host ein Datenpaket senden, dann wird zunächst vom Host ein Token (IN-Token) an das Gerät geschickt. Dieses sendet daraufhin ein Datenpaket DATA, das dann vom Host mit einem Handshake als erfolgreich oder mit Misserfolg bestätigt wird. Ein Handshake kann mit einer von zwei verschiedenen Antworten deklariert werden. Für Erfolgreich wird das Signal ACK (= Acknowledge/Bestätigung) gesendet. Für erfolgreich und nicht brauchbar (weil z.B. der Pufferspeicher voll ist) wird das Signal NAK (= Negative Acknowledge/negative Bestätigung) gesendet und für fehlerhafte Pakete wird keine Antwort gesendet. Ein fehlerhaftes Datenpaket erkennt der Host mit einem Timeout. Sollte eine ACK Antwort nicht beim Host antreffen, wird das Datenpaket nochmals gesendet, da es für den Host, durch das Timeout, fehlerhaft war. Um hier Verwechslungen mit anderen Datenpaketen zu vermeiden, wird bei den DATA-Paket-ID abwechselnd DATA0 und DATA1 vom Sender verwendet. Damit erkennt der Empfänger ob es sich um ein wiederholtes Paket oder ein Neues handelt. Ein Spacial-Packet kann entweder ein PRE-Token oder Split-Token sein. Ersteres ist für die Ankündigung durch den Host beim Hub, dass er ein Low-Speed Gerät als nächstes ansprechen will. Dieses PRE-Token soll Low-Speed-Geräte vor Full-Speed-Datenverkehr schützen. Der Split-Token dient dazu Low- oder Full-Speed Geschwindigkeiten zwischen einem USB 2.0 Hub und dem Gerät, in eine High-Speed-Übertragung zwischen Hub und Host umzuwandeln.

2.3.2 Firewire mit 2 Übertragungsarten

Zum einen bietet Firewire isochronen zum anderen asynchronen Datentransfer. Ersteres bietet wie bei USB eine konstante Übertragungsrate. Dies wird bei IEEE-1394 vom sogenannten „Isochronous Resource Manager" oder IRM ermöglicht. Er speichert in einem Register Informationen über alle Geräte mit isochroner Datenübertragung und der verbleibenden Bandbreite ab. Für isochronen Berieb werden bis zu 80% der verfügbaren Busbandbreite reserviert. Damit ist wie beim USB eine Übertragung in `Echtzeit´ möglicht. Hingegen garantiert der asynchrone Transfer keine Bandbreiten. Datenpakete die als erstes auf den Bus gelangen werden auch als erstes transportiert. Diese Transferart ist bei zeitkritischen Daten ungeeignet, da eben keine Bandbreite garantiert wird. Anwendung findet diese Übertragungsart grundsätzlich z.B. bei allen Kontroll- und Steuerungssignalen. Der Bus wird für isochrone Datenübertragungen in der Zeit, in der ein asynchronen Transfer läuft, blockiert. Der IRM hat die Aufgabe ausreichende

Bandbreite zur Verfügung zu stellen. Falls momentan keine ausreichende Bandbreite zur Verfügung steht, muss das Gerät die Anfrage periodisch wiederholen. Um nun Daten übertragen zu können schickt jeder Knoten eine entsprechende Anfrage zum nächsten Knoten (=Vater), der zu seinem `Vater´, bis hin zum Root-Hub, die isochron arbeitenden Geräte werden zuerst berücksichtigt. Der dem Root am nächsten liegende Knoten darf seine Daten zuerst übertragen. Wobei einem Knoten nur eine bestimmte Zahl an Kanälen zur Verfügung stehen, um eine andauernde Bevorzugung eines Knotens der am nächsten liegt zu vermeiden. Ähnlich beginnt der gleiche Ablauf für asynchronen Geräte. Um die Daten zu übertragen wird als erstes eine Kontrolle über den Physical Layer (= stellt die elektrische und mechanische Verbindung zw. 1394-Connector und Gerät her) angefordert. Beim asynchronen Transfer werden die Adressen vom Sender und Empfänger, gefolgt vom Datenpaket, verschickt. Der Empfänger quittiert bei Erhalt des Pakets den Empfang. Anders erbittet ein Gerät mit Isochronen-Transfermodi einen sogenannten „isochronen Kanal" mit bestimmter Bandbreite. Vor dem eigentlichen Datenversand wird die Nummer dieses Kanals übertragen, welches nur bei entsprechender ID vom Empfänger angenommen wird.

2.4 Die Übertragungsgeschwindigkeiten im Vergleich

2.4.1 Einordnung der Applikationen nach ihren Geschwindigkeiten

Wünschenswert ist ein Buskonzept, welches sich für alle Aufgabengebiete eignet. Da sich zur Zeit noch einige Anforderungen gegenseitig ausschließen, wie z.B. Preis, Geschwindigkeit und Bewährtheit eines Produktes ist abzusehen, dass es künftig zumindest USB und Firewire als dominierende Peripheriebusse geben wird. USB 1.1 ist kostengünstiger und war ursprünglich für den Bereich kleiner und mittlerer Geschwindigkeiten gedacht. Firewire dient ursprünglich der Realisierung von Applikationen mit höherem Bandbreitenbedarf, allerdings auch zu etwas höheren Kosten. Durch die Entstehung von USB 2.0 ist die klare „Aufgabenteilung" aufgehoben. Seitdem konkurrieren USB und Firewire im Bereich hoher Geschwindigkeiten.[13] Die einzelnen Applikationen benötigen je nach Eigenschaft verschiedene Schnittstellen-Geschwindigkeiten um fehlerfrei funktionieren zu können. Tabelle Abb. 6 (Seite 13)

---

[13] Vgl. Kelm (2001), Seite 20-21

beschreibt typische Applikationen, klassifiziert nach der erforderlichen Übertragungsgeschwindigkeit.

Geschwindigkeitsklasse	Low-Speed 10-100 KBit/s	Medium-Speed 500-10000 KBit/s	High-Speed 25-500 Mbit/s
Applikationen	=interaktive Eingabegeräte Tastatur,Maus, Peripherie für Spiele und Virtual Reality, Monitorkonfiguration	=Telefonie und Audio ISDN, analoge Telefonie, Digital Audio, Scanner und Drucker	=Video, Disk, LAN Video Conferencing, Networking, Hard Disk (Festplatte)
Eigenschaften	billigst, hot plug/unplug einfache Benutzbarkeit Mehrere Peripheriekomponenten	Preisgünstig, einfache Benutzung, garantierte Latenz und Bandbreite, dynamischer Anschluss, mehrere Geräte	Hohe Bandbreite garantierte Latenz einfaches Handling

Abb. 6[14]: Applikationen nach Geschwindigkeitsklassen

2.4.2 Geschwindigkeiten von USB und Firewire

In den Anfängen von USB 1.0 und dem Nachfolger USB 1.1 mit 12 MBit/s, waren die
Übertragungsraten von USB wesentlich langsamer als von Firewire mit 100, 200 und 400
MBit/s. In den letzten Jahren (seit 2000) hat sich jedoch der USB 1.1 immer mehr auf PC
und PC-Peripherie ausgerichtet und sich als serieller, kostengünstiger Bus durchgesetzt,
er ist heute schon in den meisten PCs eine Standardschnittstelle geworden. Jedoch ist
der USB 1.1 nicht für alle Komponenten geeignet. Da er geringere
Datenübertragungsraten als Firewire aufweist, ist Firewire gerade bei
Hochgeschwindigkeitsgeräten, wie Multimedia-Peripheriegeräte, Festplatten, Drucker
u.ä., besser geeignet und ist trotz der Weiterentwicklung von USB 2.0, die eine
Geschwindigkeit von 480 MBit/s mit sich bringt, durch Weiterentwicklungen weiterhin gut
im Rennen. Mit den Fortschritten bei IEEE 1394b ist inzwischen eine neue Norm für
Firewire festgelegt. Die Datenübertragungsrate wird aufs doppelte der aktuellen
gehoben, sie beträgt dann bis zu 800 MBit/s und soll sogar in Zukunft Übertragungsraten
bis zu 1600 MBit/s erreichen können. Geräte hierfür sollen dieses Jahr noch auf den
Markt kommen. Es ist allerdings fragwürdig ob es Peripherien gibt, die solche
Bandbreiten erfordern.

---

[14] Vgl. Kelm (2001), Seite 20

2.4.3 Typische Geschwindigkeitsprobleme durch fehlerhafte Architekturen

Wie schon in dem Kapitel Architektur beschrieben, können Geräte beim USB in einer Baumstruktur und bei Firewire in einer Peer-to-Peer Struktur angeschlossen werden. Allerdings können beim zusammenfügen der Schnittstellen Geschwindigkeitsdefizite durch langsamere Geräte entstehen. Im folgenden werden nun Tricks und Tipps gezeigt, diese Fehler zu vermeiden und wie die volle Geschwindigkeit in einem Netzwerk erreicht werden kann.

- USB:
  Beim USB gibt es zwei verschiedene Arten von Hubs, den USB-1.1-Hub und den USB-2.0-Hub. Beim USB-1.1-Hub sind Geschwindigkeiten von Low-Speed bis Full-Speed möglich, die Neuentwicklung USB 2.0 kann nicht nur den Standart High-Speed, sondern ist abwärtskompatibel und beherrscht damit alle drei genannten Geschwindigkeiten. Es wird also ein Mischbetrieb von schnellen und langsamen Geräten ermöglicht. „Damit nun nicht ein einziges Low- oder Full-Speed-Device den ganzen Bus ausbremst, muss ein USB-2.0-Hub in der Lage sein, langsame Übertragungen in High-Speed-Übertragungen umzusetzen und umgekehrt."[15] Vorraussetzung für eine schnelle Kommunikation ist natürlich ein USB-2.0-Port am Host. Wird ein USB-2.0-Hub mit einem angeschlossenen High-Speed-Gerät an einem solchen Port betrieben, ist die Übertragung zwischen Hub und Host immer im High-Speed-Modus, dagegen ist die Übertragung zu den Low- oder Full-Speed-Geräten immer die passende Geschwindigkeit für diese Komponente. Wird an Stelle eines USB-2.0-Hubs ein USB-1.1-Hub an einen USB-2.0-Port angeschlossen, kann höchstens bis zu 12 MBit/s gesendet werden. Es würden also angeschlossene USB 2.0 Geräte ausgebremst werden und damit können die Geräte nicht die volle Leistung erbringen (höchstens 12MBit/s statt 480 Mbit/s). Um dies zu vermeiden bleibt dem Kunden keine andere Möglichkeit, als auf einen USB-2.0-Hub aufzurüsten. Falls USB-2.0-Hubs vorhanden sind sollte stets drauf geachtet werden, dass High-Speed-Geräte an diesen Hub bevorzugt angeschlossen werden, um die volle Geschwindigkeit ausnutzen zu können.

---

[15] Bögeholz (2001), Seite 4

- Firewire:

Bei Firewire sieht ein Mischbetrieb wieder ganz anders aus, als bei einem USB. Es werden lang nicht solch aufwendige Umsetzmechanismen wie beim USB durchgeführt. „Stattdessen wird jede Verbindung zwischen zwei Geräten mit der jeweils höchsten Geschwindigkeit betrieben, die alle Beteiligten – inklusive aller dazwischenliegenden Knoten – unterstützen."[16] Sitzt also ein Gerät mit einer Höchstgeschwindigkeitsrate von beispielsweise 200 MBit/s in der Mitte des Strangs, kann ein nachfolgendes Gerät das 400 MBit/s beherrscht, ebenfalls nur mit 200 MBit/s senden. Langsame Geräte sollten aus diesem Grund in einem Firewire-Netzwerk am Ende des Strangs sitzen. Die Datenübertragung der High-Speed-Geräte wird dann nur noch beim senden der Datenpakete von langsamen Geräten auf dem Bus blockiert. Hieraus wird ersichtlich, dass die schnellsten Komponenten in einem Firewire-Netzwerk, möglichst am Anfang eines Stranges sitzen sollten, um dadurch nicht wertvolle Geschwindigkeit zu verlieren.

2.5 Kabel und Co.

2.5.1 USB Anschlüsse

Beim USB gibt es zwei verschiedene Stecker bzw. Plugs. Trotz des neuen Standart USB 2.0 sind die Kabel immer noch wie beim USB 1.1. Abbildung Abb. 7 zeigt beide Steckervarianten des USB, Abbildung Abb. 8 den Kabelquerschnitt eines Full-Speed Geräts.

   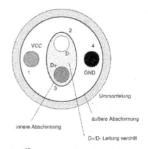

Abb. 7[17]: USB Stecker, links Typ B, rechts Typ A   Abb. 8[18]: USB Full-Speed Kabelquerschnitt

---

[16] Bögeholz (2001), Seite 6
[17] Stöbe (2001), Steite 3
[18] http://tech-www.informatik.uni-hamburg.de/lehre/pc-technologie/07-usb-1394.pdf, 06.04.02

Der Stecker mit dem Typ A wird immer in upstream, also in Richtung Host, gerichtet. Der Stecker Typ B ist damit immer downstream gerichtet. Am Host sind demnach immer Ports mit dem Typ A angebracht. Ein Hub besitzt beide Anschlüsse/Ports. Der A-Port ist immer ein Ausgang zu einem weiteren Hub oder Endgerät, der B-Port die Verbindung in Richtung upstream, er schließt den Hub oder das Endgerät an einen Port in einer niedrigeren Ebene (Ebene die näher am Host liegt) an. Functions besitzen demnach nur einen Anschluss Typ B. Functions oder Hubs dürfen nicht mehr als eine B-Verbindung besitzen, damit keine Schleifen gebildet werden können. Im Kabelquerschnitt Abbildung Abb. 8 (Seite 15) wird ersichtlich, dass in einem USB Kabel nur vier Adern vorhanden sind. Für die Datenübertragung gibt es ein verdrilltes Adernpaar mit der Farbe grün und weiß. Dieses Adernpaar ist bei Full- und High-Speed-Geräten, zur inneren Abschirmung, mit einem zusätzlichen Mantel umhüllt. Auf diese Weise können z.b. Einflüsse von äußeren Störfeldern minimiert werden. Bei Low-Speed-Devices fehlt eine solche Abschirmung, da sie nicht notwendig ist. Die rote Ader wird abgekürzt mit VCC (=Voltage Common) und ist für die Stromversorgung der am Bus angebrachten Komponenten verantwortlich. Allerdings kann es beim Einsatz von vielen Bus-Powerd Geräten (Geräte die nur über das USB Kabel Strom erhalten) zu einem Spannungsabfall kommen, so dass das USB-System nicht mehr richtig funktioniert. Als Beispiel benötigt ein USB-Hub ca. 100 mA/5V, ein PC bietet pro Port aber nur 500 mA/5V. Werden nun weitere USB-Geräte angeschlossen, kann die zur Verfügung stehende Spannung unter Umständen nicht mehr ausreichen. Die Lösung für dieses Problem ist ein oder mehrere Self-Powered USB-Hubs (Hubs mit externem Netzteil). Diese stellen an allen Ausgangsbuchsen gleichmäßig die benötigten 500 mA/5 Volt zur Verfügung. Die schwarze Ader ist für die benötigte Masse zuständig und wird mit GND (=Ground) abgekürzt. Beim USB sind je nach Querschnitt Kabellängen von 0,8 bis 5,0 m möglich, Low-Speed-Geräte verfügen über ein fest angebrachtes Kabel.

2.5.2 Firewire Anschlüsse

Das Anschlusskabel des Firewire Bussystems ist sechspolig aufgebaut. Anders als beim USB gibt es bei Firewire vier, paarweise verdrillte Adern die zur Datenübertragung dienen. Zwei weitere Adern werden für die Spannungsversorgung bereitgestellt. Firewire bietet noch ein weiteres Kabel, bei dem die Adern zur Stromversorgung fehlen. Die Spannungsversorgung wird bei manchen Endgeräten, wie z.B. ein digitaler Camcorder, nicht benötigt. Eine Ader für Masse wird vom Firewire System nicht erfordert. Die Stecker können also entweder 4-polig oder 6-polig sein, je nach Gerätetyp. Anders wie beim USB, der einen Typ-A und einen Typ-B Stecker/Port hat, sind die Stecker bei Firewire gleich. Sie unterscheiden sich nur durch 4- oder 6-polige Stecker, wobei der 4-polige Stecker mit Hilfe eines Adapters zu einem 6-poligen Stecker umgerüstet werden kann. Ein 4-poliger Stecker ist also zu einem 6-poligen Stecker kompatibel. Außerdem kann an einem Kabelende ein 4-poliger und am anderen Ende ein 6-poliger Stecker bestehen. Beim Firewire-Bus ist hauptsächlich der 6-polige Anschluss am Host vorhanden. Damit können beide Steckerarten eingesteckt werden, der 6-polige direkt und der 4-polige über oben erwähnten Adapter. Abbildung Abb. 9 zeigt links einen 4-poligen- und rechts einen 6-poligen-Firewirestecker.

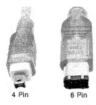

4 Pin   6 Pin

Abb. 9[19]: Firewire Stecker, links 6-polig, rechts 4-polig

2.6 Anwendungsmöglichkeiten

Nachdem sich USB und Firewire schon bei vielen Peripherien etabliert hat, gibt es nach wie vor Anwender mit älteren Computermodellen, in denen überhaupt keine USB oder Firewire Schnittstelle integriert ist. Dem kann man aber Abhilfe schaffen. Eine Vielzahl von Hardware Herstellern, wie z.B. Orange Micro, Adaptec, Freecom, usw., bieten seit langem Erweiterungssteckkarten für einen PCI Slot (weißer Steckerplatz on Board). Die Adapter sind natürlich nicht nur für PCs, sondern ebenfalls für Appel-Mac Computer erhältlich. Beim PC muss allerdings ein Betriebssystem ab Windows 98SE bis Windows XP (Windows NT funkioniert allerdings nicht) auf dem Rechner installiert sein. Die Karten sind entweder getrennt erhältlich oder gemischt mit Firewire und USB Anschlüssen. Für Notebooks bietet der Markt PCMCIA-Einsteckkarten, mit einem oder mehreren Ausgängen. Allerdings sind diese entweder nur mit USB oder Firewire Ausgängen erhältlich. Es ist ferner möglich Geräte mit Paralleler oder Serieller Schnittstelle durch ein

---

[19] Vgl. www.spacewalker.com, 18.04.02

Adapterkabel an einer USB Schnittstelle anzubringen. Das Kabel besitzt ein Ende mit entweder einem Eingang oder einem Stecker für Parallele oder Serielle Schnittstellen, am anderen Ende liegt der USB oder Firewire Plug. Ist der Rechner nun mit einer USB und/oder Firewire Schnittstelle on Board oder mit einer Plugin Card ausgerüstet, können an diesem Ausgang eine große Anzahl verschiedener Endgeräte angeschlossen werden, die nun im folgenden aufzeigt werden:

- Mäuse und Tastaturen werden mit USB Anschluss, entweder mit Funkverbindung oder Kabel, in allen Variationen angeboten. Allerdings findet man diese Geräte mit Firewire Anschluss, wenn überhaupt, nur sehr selten. Firewire ist hier auch nicht unbedingt notwendig, da USB für diese Art von Komponenten eigene Low- oder Full-Speed-Geschwindigkeiten, die vollkommen ausreichend sind, mit sich bringt und bereits in fast allen neuen Rechnern serienmäßig integriert ist. Falls die Maus oder die Tastatur nur eine PS/2 oder serielle Schnittstelle besitzt, kann diese durch einen Adapter zu einem USB Anschluss umgewandelt werden.

- Ebenfalls werden wie bei den Mäusen und Tastaturen, Joysticks und Gamepads nur mit USB angeboten. Mit einem USB Interface lässt sich z.B. die Kraftrückkopplung durch die hohe Übertragungsrate sehr gut verwirklichen.

- Ferner kann ein Rechner über USB oder Firewire mit einem Adapter an ein Ethernet angeschlossen werden. Der USB Ethernet Adapter präsentiert einen sehr günstigsten Weg einen Desktop oder Laptop Computer an ein lokales oder kleineres Computernetzwerk anzuschließen. Das Geld für eine weitere PCMCIA Card, oder den Einbau einer Netzwerkkarte in den Rechner, kann man sich hiermit sparen. Überdies ist der Adapter für den Anschluss von Telefon-, ISDN-, oder DSL-Modems durch die Geschwindigkeitsvorteile gegenüber einer seriellen Schnittstelle ideal.

- Mit Firewire und durch die Entwicklung von USB 2.0 ist es möglich externe Festplatten an einen PC/Mac anzuschließen. Durch die hohen Übertragungs-geschwindigkeiten und durch Plug & Play ist es kein Problem mehr, Daten über eine externe Festplatte, von einem Arbeitsplatz zu einem anderen mitzunehmen. Nicht zu vernachlässigen sind hier externe HDD Raid Systeme (=hochausfallsichere

Festplatten-Systeme), die sich im Moment noch hauptsächlich mit Firewire an den PC/MAC anschließen lassen.

- Aber nicht nur Festplatten lassen sich mit USB 2.0 und Firewire extern anschließen, sondern auch verschiedene optische Laufwerke mit integriertem Brenner. Oft findet man Firewire und selten USB als Anschluss an einem externen Laufwerk. Der Markt bietet sie meistens eher mit Firewire Schnittstelle als mit USB an, da sich Firewire in den letzten Jahren schon bei vielen Laufwerk-Herstellern etabliert hat. USB 2.0 ist hier aufgrund der vielen Endabnehmer nicht zu vernachlässigen und wird voraussichtlich bald auch mehr Zuspruch bei den Anbietern finden. Der Vorteil von Firewire oder USB zeigt sich hier wieder einmal bei den hohen Übertragungsgeschwindigkeiten, durch diese lassen sich jetzt nicht mehr nur Audio- oder Datenpakete brennen, sondern sogar schon bei einzelnen Laufwerken eigene DVD´s aufnehmen oder überspielen.

- Monitore werden bereits mit einem USB Anschluss angeboten. Der Vorteil liegt darin, dass die meisten USB Monitor Hersteller integrierte USB Hubs anbieten. Der Anschluss des Monitors über USB spielt hierbei nicht eine so große Rolle, der USB dient hier hauptsächlich der Steuerung und Einstellung des Monitors, nicht aber der Übertragung von Bildinformationen.[20]

- Drucker sind momentan noch mit der alten konventionellen Parallelen Schnittstelle und mit einem USB oder Firewire Anschluss erhältlich. Jedoch werden bei den meisten Herstellern lieber USB Schnittstellen statt Firewire serienmäßig eingebaut. In Zukunft sollen aber ebenfalls Drucker mit Firewire auf den Markt kommen. Die `alte´ Parallele Schnittstelle wird aus Kostengründen wahrscheinlich ganz verschwinden.

- Firewire und USB decken auch den hohen Bandbreiten-Bedarf an optischen Scannern bei der Übertragung hochaufgelöster Bilder an den Rechner ab. Ebenfalls fallen hier die erforderlichen SCSI-Karten weg. Die wieder mühselig in den Rechner eingebaut und konfiguriert werden müssen.

---

[20] Vgl. Kelm (2001), Seite 37

- Kartenlesegeräte oder Infrarot-Schnittstellen-Adapter gehören seit dem neuen Standart ebenfalls zu aktuellen USB Peripherien. Mit Firewire Anschluss findet man diese Geräte auch eher selten. Durch die Stromversorgung über den Bus sind bei diesen Peripherien keine externen Netzstecker mehr nötig und durch Plug & Play bei Gebrauch schnell an- und wieder abschließbar. Dies schafft mehr Freiheit am Arbeitsplatz und verhindert das lästige Suchen nach freien Stromsteckern, die meistens hinter einem Tisch oder kleinem Schrank versteckt sind.

- Um Audio oder Musik Instrumente auf dem Computer einzuspeisen gibt es Audio & MIDI Arbeitseinheiten (MIDI = Music Instruments Digital Interface) mit USB Schnittstelle. Firewire bietet hierzu kaum auffindbare Angebote. Über diese Einheiten können einige Instrumente, aktive Lautsprecher oder auch ein Mikrofon angeschlossen werden, die über eine USB Verbindung wiederum an den Computer angeschlossen ist. Durch den isochronen Datentransfer werden die Audio oder MIDI Daten fehlerfrei und `zeitecht´ übertragen. Der Anwender hat dadurch eine sehr gute Qualität seiner Aufnahmen und kann diese letztendlich auch weiter bearbeiten. Abbildung Abb. 10 Soll einen kleinen Eindruck über Audio und MIDI Arbeitseinheiten verschaffen.

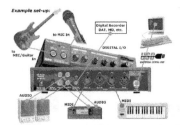

Abb. 10[21]: Audio & MIDI Processing Unit

Neben diesen Arbeitseinheiten findet man Audio-Geräte z.B. aktive Lautsprecher, Mikrofone, Stereo Headsets, die direkt über USB am Rechner angeschlossen werden können.

- Einer der größten Vorteile von Firewire und USB 2.0 ist wohl die Möglichkeit in `Echtzeit´ große Viedeo-Daten-Mengen zu übertragen und zu verarbeiten. Fast jede

---

[21] www.usbstuff.com, 19.04.2002

hochwertige DV Kamera hat heutzutage Firewire. Daneben findet man immer mehr Fotokameras mit USB in den verschiedensten Qualitätsstufen. Neben einfachen Ausführungen ohne Datenkompression, die einen großen Teil der Busbandbreite benötigen, gibt es auch digitale Fotoapparate mit USB-2.0-Anschluss, die mit einem kleinen Teil der Busbandbreite auskommen und bei erträglichen Transportzeiten eine deutlich schnellere Abspeicherung von Bildern mit hoher Auflösung erreichen.[22]

- Um Videos von einem Camcorder, VCR oder einem anderen Abspielgerät auf dem PC abspielen, bearbeiten, oder speichern zu können, sind leider keine Firewire aber USB Adapter erhältlich. Die Software für diese Anschlussmöglichkeit von Abspielgeräten ist meistens im Lieferumfang mit enthalten. Sie bietet meist viel mehr als nur das abspielen, bearbeiten oder speichern von Multimediadaten.

- USB 2.0 ist in der Zwischenzeit auch beliebter als Firewire für den Anschluss von MP3-Playern oder Adapter für den Anschluss von MiniDiscs am Rechner. Durch die schnellere Übertragung als bei USB 1.1 wird eine deutliche Reduktion der Upload-Zeiten erziehlt. Das Aufnehmen oder Abspielen von Musik ist damit nicht mehr so zeitraubend wie mit einer konventionellen oder USB 1.1 Schnittstelle.

- Um größere Strecken als 4,5 m bei Firewire realisieren zu können, wird ein Repeater benötigt, der als eine Art Verstärker wirkt. Auch werden Repeater als Hubs verwendet und ermöglichen so den Anschluss von mehreren Geräten. Für USB gibt es den Hub, um Geräte miteinander vernetzen zu können. Dabei sollte darauf geachtet werden, ob es sich um einen USB 1.1 oder USB 2.0 Hub handelt, um mögliche Geschwindigkeitsdefizite bei High-Speed-Interfaces zu vermeiden.

Die oben dargestellte Bandbreite von Peripherien für den USB und Firewire stellt nur eine Momentanaufnahme der gegenwärtigen Situation dar. Es gibt bestimmt noch einige Geräte die sehr speziell auf manche Endverbraucher Anwendung finden. Geplant sind auch in Zukunft noch wesentlich mehr Peripherien mit USB und/oder Firewire Anschluss.

---

[22] Vgl. Kelm (2001), Seite 37-38

3 Fazit

Heutzutage sind bereits die meisten neuen Peripherien und Computer mit einer USB Schnittstelle serienmäßig ausgerüstet. Firewire hinkt dagegen leider noch etwas hinterher und wird nicht von allen Herstellern in die Rechner und Geräte serienmäßig implementiert. Hinsichtlich der Verbreitung am Markt ist aber wohl eher davon auszugehen, dass sich USB 2.0 durchsetzten wird, wobei zumindest bei vielen Notebooks und den meisten digitalen Videokameras derzeit noch ein Firewire-Port zum guten Ton gehört, so dass auch dieser Standart kaum aussterben dürfte. Verdrängt werden in den nächsten Jahren mit großer Wahrscheinlichkeit die klassischen Schnittstellen wie Parallel-, Seriell-, oder RS 232-Port. Wenn man sich die Kosten und den Nutzen von USB 2.0 ansieht, ist er eigentlich überflüssig, da der langsamere USB 1.1, seine Arbeit für die er konzipiert wurde, hinreichend gut erledigt und Firewire bis zum Erscheinen von USB 2.0 bei Herstellern sehr bewärt war. USB 2.0 kann eigentlich nichts, was Firewire nicht schon kann. Es würde zwar eine weitere Verringerung der Anschlussmöglichkeiten ergeben, jedoch müssen für USB Bussysteme Hubs gekauft werden, die bei Firewire nicht notwendig sind. Die Hersteller sehen dies aber aus einem anderen etwas Blickwinkel, USB kostet den Hersteller keine Lizenzgebühren, hingegen verlangt das IEEE 1394-Konsortium pro System einen Betrag von 0,25 bis 1,0 US-Doller. Jede dieser Schnittstellen hat ihre Vor- und Nachteile, deshalb werden mit höchster Wahrscheinlichkeit beide Schnittstellen in Zukunft an einem Computer zu finden sein. Es ist durch die charakteristische Geschwindigkeitsaufteilung des USB anzunehmen, dass er neben High-Speed-Peripherien auch weiterhin hauptsächlich Low- und Full-Speed-Geräte unterstützen wird. Nachdem sich Firewire mehr für hohe Geschwindigkeiten eignet wird sie wahrscheinlich, wie schon bewährt, weiterhin überwiegend an High-Speed-Peripherien zu finden sein.

Literaturverzeichnis

Bücher und Zeitschriften (CD-ROM)

Bögeholz, Harald, 2001, Schnelle Strippen, in c't plusrom - Wissen zum Abruf, Jahrgang 2001, Ausgaben 14 - 26, Nr. 15, Seite 1-6

Kelm, Hans Joachim, 2001, USB 2.0, Erscheinungsort München/Poing, Erscheinungsjahr 2001

Stöbe, Markus, 2001, USB 2.0 kontra FireWire, in c't plusrom - Wissen zum Abruf, Jahrgang 2001, Ausgaben 14 - 26, Nr. 15, Seite 1-5

Internet

tech-www.informatik.uni-hamburg.de/lehre/pc-technologie/07-usb-1394.pdf, 06.04.02

www.apple.com/de/firewire/, 27.03.2002

www.firewirestuff.com, 19.04.2002

www.tecchannel.de, 20.03.2002

www.tecchannel.de/hardware/299/2.html, 06.04.2002

www.tecchannel.de/hardware/299/3.html, 06.04.2002

www.usbstuff.com, 19.04.2002

www.3sat.de, 17.02.2002

www.ingramcontent.com/pod-product-compliance
Lightning Source LLC
LaVergne TN
LVHW042310060326
832902LV00009B/1381